Além da procrastinação: transformando o 'depois eu faço' em ação imediata

Copyright © 2024 Reginaldo Osnildo
Todos os direitos reservados.

APRESENTAÇÃO

INTRODUÇÃO AO SIMBOLISMO DO 'DEPOIS EU FAÇO'

COMPREENDENDO A PROCRASTINAÇÃO

IMPACTO DA PROCRASTINAÇÃO

PROCRASTINAÇÃO E ANSIEDADE

ESTRATÉGIAS DE GESTÃO DO TEMPO

ESTABELECIMENTO DE METAS CLARAS

O PODER DO HÁBITO

TÉCNICAS DE PRIORIZAÇÃO

CRIANDO UM AMBIENTE PROPÍCIO

O PAPEL DA MOTIVAÇÃO

FERRAMENTAS E RECURSOS CONTRA A PROCRASTINAÇÃO

MINDFULNESS E AUTOCONSCIÊNCIA

SUPERANDO O PERFECCIONISMO

PEQUENOS PASSOS PARA GRANDES MUDANÇAS

O IMPACTO DOS PRAZOS

CONSTRUINDO RESILIÊNCIA EMOCIONAL

FEEDBACK E SUPORTE

APRENDENDO COM OS ERROS

NUTRIÇÃO E EXERCÍCIO

MEDITAÇÃO E RELAXAMENTO

CELEBRANDO SUCESSOS

DESCONECTANDO PARA RECONECTAR

RITUAIS DE INÍCIO DE TRABALHO

LIDANDO COM A CULPA

RUMO À AÇÃO

REGINALDO OSNILDO

APRESENTAÇÃO

Se você está segurando este livro, é muito provável que já tenha dito para si mesmo "depois eu faço" mais vezes do que consegue contar. No mundo acelerado de hoje, encontrar a motivação para começar — e mais importante, continuar — pode parecer uma batalha constante contra o tempo, a energia e, acima de tudo, contra a nossa própria vontade. É aqui que "**Além da procrastinação: transformando o 'depois eu faço' em ação imediata**" entra como seu novo aliado.

Este livro é um convite não só para entender o que está por trás da sua tendência a procrastinar, mas também para transformar completamente sua abordagem em relação às tarefas e desafios do dia a dia. Com ele, você vai descobrir que a procrastinação não é apenas um hábito ruim, mas um complexo padrão comportamental que pode ser desmontado e reconstruído de forma produtiva e positiva.

Ao longo deste livro, eu trago minha perspectiva atualizada sobre técnicas comprovadas e novas estratégias adaptadas para os desafios contemporâneos que você enfrenta. Cada capítulo foi cuidadosamente elaborado para oferecer insights profundos e ferramentas práticas que irão ajudá-lo a mudar sua mentalidade de "posso fazer depois" para "vou fazer agora". Vamos abordar as causas psicológicas, os impactos em sua vida pessoal e profissional, e, mais importante, como você pode superar as barreiras que o impedem de ser a versão mais produtiva de si mesmo.

Com uma linguagem acessível e dicas aplicáveis, este livro é dedicado a você, que deseja não apenas sonhar, mas realizar. Preparamos um caminho repleto de exercícios práticos, reflexões e técnicas que transformarão sua maneira de agir e pensar. E ao final de cada capítulo, um convite para o próximo, garantindo que sua jornada de aprendizado e ação seja contínua e envolvente.

Prepare-se para explorar o simbolismo do "**depois eu faço**" no próximo capítulo, onde vamos mergulhar nas implicações psicológicas e comportamentais da procrastinação. Você está pronto para dar o primeiro passo em direção a uma vida de realizações? Vamos juntos transformar intenção em ação.

Aceite o convite. Sua jornada para além da procrastinação começa agora.

Atenciosamente

Prof. Dr. Reginaldo Osnildo

INTRODUÇÃO AO SIMBOLISMO DO 'DEPOIS EU FAÇO'

A procrastinação é muitas vezes mal interpretada como simples preguiça ou má gestão do tempo. No entanto, você pode já ter percebido que adiar tarefas vai muito além disso; é um fenômeno complexo, carregado de significados e simbolismos que moldam nosso comportamento e nossas escolhas diárias. Neste capítulo, vamos explorar as implicações psicológicas e comportamentais da procrastinação, ajudando você a entender melhor esse comportamento tão humano e tão desafiador.

O SIGNIFICADO OCULTO DO 'DEPOIS EU FAÇO'

Quando dizemos "**depois eu faço**", estamos frequentemente expressando mais do que uma simples decisão de adiar uma tarefa. Esse ato pode ser um reflexo de várias questões subjacentes, como medo do fracasso, perfeccionismo, ou mesmo uma forma de resistência contra pressões externas ou internas. Cada vez que você escolhe não fazer algo imediatamente, está também escolhendo proteger-se de algo que, em algum nível, causa desconforto ou ansiedade.

AS RAÍZES PSICOLÓGICAS DA PROCRASTINAÇÃO

A procrastinação é profundamente enraizada em nossa psique. Muitas vezes, é uma resposta emocional a uma ameaça percebida – o medo de não estar à altura, o medo do julgamento dos outros, ou até mesmo o medo de ter sucesso, o que poderia elevar as expectativas e pressões sobre nós. Entender esses medos pode ser o primeiro passo para superar a tendência de procrastinar.

O IMPACTO COMPORTAMENTAL

Comportamentalmente, a procrastinação pode se manifestar de várias formas: desde a evitação de tarefas específicas até a criação de desculpas para não começar projetos importantes. Este comportamento frequentemente leva a um ciclo vicioso de estresse, culpa e baixa autoestima, pois quanto mais adiamos, mais ansiosos nos sentimos, e quanto mais ansiosos nos sentimos, mais tendemos a adiar.

TRANSFORMANDO SIMBOLISMO EM AÇÃO

Entender o simbolismo por trás do "**depois eu faço**" é crucial para romper o ciclo da procrastinação. Este entendimento permite que você confronte não apenas as tarefas que têm diante de si, mas também os medos e hesitações que as acompanham. Ao trazer à luz as razões psicológicas por trás da procrastinação, você pode começar a trabalhar na construção de uma nova mentalidade, uma que encoraja a ação imediata em vez de adiamento.

VOCÊ ESTÁ PRONTO PARA O PRÓXIMO PASSO?

Agora que exploramos as complexidades simbólicas e os impactos comportamentais da procrastinação, você está mais preparado para enfrentar as causas profundas desse hábito. No próximo capítulo, "**COMPREENDENDO A PROCRASTINAÇÃO**", vamos mergulhar nas causas comuns e nos fatores psicológicos que conduzem ao comportamento de adiamento. Você descobrirá estratégias para identificar e lidar com esses gatilhos em sua vida diária.

Prepare-se para entender não apenas o que você está adiando, mas porque está adiando. Está pronto para continuar essa jornada de autoconhecimento e transformação? Vamos juntos desvendar os mistérios da procrastinação e aprender como superá-los, passo a passo.

COMPREENDENDO A PROCRASTINAÇÃO

Procrastinar é um comportamento comum, mas você já se perguntou por que exatamente adia certas tarefas? Este capítulo é dedicado a explorar as causas comuns e os fatores psicológicos que levam ao comportamento de adiamento. Ao compreender a raiz da procrastinação, você poderá desenvolver estratégias mais eficazes para combatê-la em sua vida diária.

AS RAÍZES DA PROCRASTINAÇÃO

Procrastinar não é apenas uma questão de má gestão do tempo ou preguiça, como muitos podem pensar. Na verdade, é um mecanismo complexo que envolve vários componentes psicológicos, como o medo do fracasso, o medo do sucesso, a aversão a tarefas desagradáveis, e até mesmo a falta de clareza sobre como começar ou terminar uma tarefa. Vamos explorar esses fatores mais a fundo:

- **Medo do fracasso e do sucesso:** Muitas vezes, adiamos tarefas porque tememos não estar à altura delas ou, paradoxalmente, tememos o sucesso que elas podem trazer. O sucesso aumenta as expectativas e as responsabilidades, o que pode ser assustador.

- **Aversão a tarefas desagradáveis:** Naturalmente, tendemos a evitar tarefas que consideramos desagradáveis ou tediosas. Este tipo de procrastinação é motivado pelo desejo de evitar desconforto emocional ou físico.

- **Sobrecarga e paralisia por análise:** Quando estamos sobrecarregados, seja pela quantidade ou pela complexidade das tarefas, podemos nos sentir paralisados. A incapacidade de priorizar ou decidir por onde começar pode levar ao adiamento.

- **Perfeccionismo:** Para muitos, a ideia de não fazer algo perfeitamente é tão avassaladora que preferem não fazer nada a correr o risco de falhar.

IDENTIFICANDO SEUS GATILHOS

Cada pessoa tem seus próprios gatilhos de procrastinação. Identificar esses gatilhos é o primeiro passo para controlá-los. Uma técnica útil é manter um diário de procrastinação, onde você anota cada instância de procrastinação, o que estava planejado fazer, e por que decidiu adiar. Com o tempo, padrões emergirão, fornecendo pistas valiosas sobre suas motivações subconscientes.

ESTRATÉGIAS DE CONFRONTO

Compreender as causas da procrastinação é essencial, mas saber como enfrentá-las é igualmente importante. Algumas estratégias incluem:

- **Divisão de tarefas:** Quebre grandes tarefas em partes menores e mais gerenciáveis para reduzir a sensação de sobrecarga.

- **Técnicas de visualização:** Imagine-se completando a tarefa com sucesso. Isso pode ajudar a reduzir o medo do fracasso.

- **Ambientes propícios:** Organize seu espaço de trabalho para minimizar distrações e criar um ambiente que promova a eficiência.

Agora que você começou a entender os meandros da procrastinação, está pronto para explorar como ela afeta sua vida pessoal e profissional no próximo capítulo, "**IMPACTO DA PROCRASTINAÇÃO**". Lá, vamos discutir as consequências do adiamento e como ele pode afetar todos os aspectos da sua vida.

Junte-se a nós no próximo capítulo para continuar essa jornada em direção a uma vida mais produtiva e menos procrastinadora. Está pronto para ver como a procrastinação tem moldado sua vida e como você pode começar a fazer mudanças significativas? Vamos lá!

IMPACTO DA PROCRASTINAÇÃO

A procrastinação pode parecer um simples hábito de adiar tarefas, mas suas repercussões vão muito além de simplesmente deixar para amanhã o que você poderia fazer hoje. Este capítulo explora as diversas maneiras pelas quais a procrastinação impacta sua vida pessoal e profissional, ajudando você a entender a seriedade deste comportamento e a urgência em tratá-lo.

CONSEQUÊNCIAS PESSOAIS DA PROCRASTINAÇÃO

Na vida pessoal, a procrastinação pode criar uma série de problemas emocionais e práticos:

- **Estresse e ansiedade:** A procrastinação frequentemente leva a um acúmulo de tarefas que, eventualmente, precisa ser enfrentado, gerando altos níveis de estresse e ansiedade.

- **Baixa autoestima:** Ao adiar constantemente, você pode começar a se sentir incapaz ou incompetente, o que afeta negativamente sua autoimagem e autoestima.

- **Relacionamentos comprometidos:** A tendência de adiar pode também afetar seus relacionamentos, seja por não cumprir compromissos ou por transferir a carga de suas responsabilidades para outros.

IMPACTOS PROFISSIONAIS

No ambiente de trabalho, as consequências da procrastinação podem ser ainda mais visíveis e prejudiciais:

- **Desempenho reduzido:** Procrastinar impede que você complete suas tarefas no tempo e com a qualidade esperada, o que pode afetar sua avaliação de desempenho.

- **Oportunidades perdidas:** A incapacidade de agir rapidamente pode significar perder oportunidades valiosas de avanço ou de participação em projetos interessantes e enriquecedores.

- **Reputação profissional:** Ser visto como alguém que sempre deixa tudo para a última hora pode prejudicar sua reputação e suas chances de progresso na carreira.

A DIMENSÃO PSICOLÓGICA

Além dos impactos tangíveis, é importante considerar as consequências psicológicas mais profundas da procrastinação:

- **Ciclos viciosos de comportamento:** A procrastinação pode se tornar um hábito difícil de quebrar, especialmente quando acompanhada de sentimento de culpa e frustração.

- **Erosão da autodisciplina:** Quanto mais você procrastina, mais sua capacidade de autodisciplina é erodida, dificultando a tomada de decisões assertivas no futuro.

ROMPENDO COM A PROCRASTINAÇÃO

Reconhecer os impactos da procrastinação é um passo crucial para superá-la. Estratégias para romper esse ciclo incluem o estabelecimento de rotinas claras, o uso de técnicas de gerenciamento de tempo e, acima de tudo, a mudança gradual de sua mentalidade de adiamento para uma de ação.

PREPARADO PARA AVANÇAR?

Agora que você compreendeu os impactos significativos da procrastinação, é hora de olhar mais de perto como ela está intimamente ligada à ansiedade e ao estresse. No próximo capítulo, **"PROCRASTINAÇÃO E ANSIEDADE"**, exploraremos como o adiamento constante pode não apenas ser um resultado, mas também uma causa de ansiedade, e como você pode gerenciar essa relação destrutiva.

Você está pronto para continuar explorando e combatendo a procrastinação em sua vida? Avance para o próximo capítulo e descubra ferramentas e insights para ajudá-lo a lidar com a ansiedade relacionada à procrastinação e a transformar a sua maneira de enfrentar desafios diários.

PROCRASTINAÇÃO E ANSIEDADE

A relação entre procrastinação e ansiedade é complexa e bidirecional: a procrastinação pode ser tanto uma causa quanto uma consequência da ansiedade. Este capítulo examina como esse ciclo se perpetua e oferece estratégias eficazes para você romper com ele, promovendo um bem-estar mental e uma produtividade sustentáveis.

A PROCRASTINAÇÃO COMO CAUSA DE ANSIEDADE

Muitas vezes, procrastinar pode parecer uma saída fácil para evitar tarefas estressantes ou desafiadoras. No entanto, ao adiar essas tarefas, você acumula não apenas as atividades, mas também o estresse associado a elas. Isso pode resultar em um aumento significativo da ansiedade, especialmente à medida que o prazo final se aproxima.

- **Acúmulo de tarefas:** Quanto mais tarefas são adiadas, maior a carga de trabalho acumulada, o que eleva os níveis de estresse e ansiedade.

- **Pressão de tempo:** À medida que os prazos se aproximam, a pressão para completar as tarefas em menos tempo pode intensificar a ansiedade, tornando ainda mais difícil começar ou completar o trabalho.

A PROCRASTINAÇÃO COMO CONSEQUÊNCIA DA ANSIEDADE

Por outro lado, a ansiedade em si pode levar à procrastinação. O medo de falhar, de não atender às expectativas ou de enfrentar tarefas desagradáveis pode fazer com que adiar pareça uma opção menos dolorosa no curto prazo.

- **Evitação:** A ansiedade muitas vezes leva à evitação como uma estratégia de enfrentamento. Procrastinar torna-se uma forma de evitar temporariamente o desconforto emocional.

- **Paralisia por análise:** A ansiedade pode causar o que é conhecido como paralisia por análise, onde você se sente tão sobrecarregado pelas opções ou possíveis resultados de uma ação que acaba não agindo.

ESTRATÉGIAS PARA QUEBRAR O CICLO

Para combater eficazmente a procrastinação e a ansiedade, é essencial adotar estratégias que abordem ambos os aspectos:

- **Gestão de tempo eficiente:** Use técnicas de gerenciamento de tempo, como a Técnica Pomodoro ou o método de listagem de tarefas, para dividir seu trabalho em segmentos gerenciáveis.

- **Técnicas de relaxamento:** Práticas como meditação, exercícios de respiração e yoga podem ajudar a reduzir os níveis de ansiedade e aumentar sua capacidade de foco e concentração.

- **Confrontação gradual:** Enfrente as tarefas que você teme de maneira gradual e sistemática. Comece com pequenos passos para ganhar confiança e reduzir a ansiedade.

Entender a interação entre procrastinação e ansiedade é apenas o começo. No próximo capítulo, "**ESTRATÉGIAS DE GESTÃO DO TEMPO**", exploraremos técnicas detalhadas para ajudar você a organizar melhor seu tempo e suas tarefas. Essas ferramentas não apenas aumentarão sua produtividade, mas também ajudarão a diminuir a ansiedade relacionada à procrastinação.

Você está pronto para adquirir ferramentas que transformarão seu dia a dia, reduzindo tanto a procrastinação quanto a ansiedade? Vamos juntos descobrir como você pode tomar o controle do seu tempo e, consequentemente, da sua vida.

ESTRATÉGIAS DE GESTÃO DO TEMPO

A gestão eficaz do tempo é uma das ferramentas mais poderosas na luta contra a procrastinação. Este capítulo oferece uma série de técnicas que você pode implementar para não apenas melhorar a administração do seu tempo, mas também aumentar significativamente sua produtividade e diminuir o estresse diário.

POR QUE A GESTÃO DO TEMPO É CRUCIAL?

Uma boa gestão do tempo permite que você controle melhor sua agenda diária, priorizando tarefas e reduzindo o tempo desperdiçado. Isso não apenas melhora seu desempenho no trabalho e em casa, mas também ajuda a diminuir a ansiedade causada pela sensação de estar sempre "correndo contra o tempo".

TÉCNICAS EFETIVAS DE GESTÃO DO TEMPO

- **Técnica Pomodoro:** Esta técnica envolve trabalhar com total foco durante períodos de 25 minutos, seguidos por uma pausa de 5 minutos. Após quatro "pomodoros", faça uma pausa mais longa de 15 a 30 minutos. Este método ajuda a manter a concentração e a evitar a fadiga.

- **Método de Eisenhower:** Também conhecido como a Matriz de Prioridades, essa técnica ajuda a decidir sobre e priorizar tarefas com base em sua urgência e importância, dividindo-as em quatro categorias: fazer agora, decidir quando fazer, delegar e não fazer.

- **Regra dos dois minutos:** Se uma tarefa pode ser feita em dois minutos ou menos, faça-a imediatamente. Isso evita a acumulação de pequenas tarefas, que pode se tornar uma fonte de procrastinação.

- **Estabelecimento de metas e objetivos claros:** Definir metas claras e alcançáveis para cada dia, semana e mês pode ajudar a manter seu foco e direção, reduzindo o tempo gasto em atividades improdutivas.

CRIANDO UMA ROTINA DIÁRIA

Além de adotar técnicas específicas, estabelecer uma rotina diária pode ser extremamente benéfico. Uma rotina bem estruturada não só ajuda a automatizar decisões, reduzindo a carga mental, mas também assegura que as tarefas essenciais sejam realizadas.

- **Planeje seu dia na noite anterior:** Reserve alguns minutos cada noite para planejar o dia seguinte. Isso pode incluir a definição de tarefas-chave para serem realizadas e a preparação de materiais necessários com antecedência.

PRONTO PARA O PRÓXIMO PASSO?

Agora que você está equipado com estratégias eficazes de gestão do tempo, o próximo capítulo, "**ESTABELECIMENTO DE METAS CLARAS**", irá ajudá-lo a aprofundar sua habilidade de definir objetivos que não só são realistas, mas também motivadores. Estabelecer metas claras é crucial para evitar a procrastinação e para ter uma sensação de direção e propósito.

Você está pronto para aprender a arte de definir metas de forma eficaz e transformar a maneira como você aborda suas tarefas e projetos? Vamos juntos explorar como a clareza nas metas pode revolucionar sua produtividade e impulsionar seu sucesso.

ESTABELECIMENTO DE METAS CLARAS

Definir metas claras e alcançáveis é fundamental para combater a procrastinação e impulsionar a produtividade. Neste capítulo, exploraremos a importância de estabelecer objetivos bem definidos e como essa prática pode ajudar você a focar suas energias e organizar seu tempo de maneira eficaz.

A IMPORTÂNCIA DE METAS CLARAS

Metas claras fornecem um senso de direção e propósito. Elas transformam visões amplas em passos concretos e mensuráveis, o que é essencial para manter a motivação e o comprometimento. Sem objetivos claros, é fácil perder-se em atividades menos importantes, aumentando a propensão à procrastinação.

COMO DEFINIR METAS EFICAZES

Para que suas metas sejam eficazes, elas devem ser SMART: Específicas, Mensuráveis, Atingíveis, Relevantes e Temporais. Vamos detalhar cada um desses critérios:

- **Específicas:** Suas metas devem ser claras e específicas, para que você saiba exatamente o que precisa ser alcançado. Por exemplo, em vez de dizer "quero escrever mais", defina "quero escrever um capítulo por semana".

- **Mensuráveis:** Deve haver critérios claros para medir o progresso em direção à meta. Saber que você está se aproximando de sua meta pode ser um motivador poderoso.

- **Atingíveis:** As metas devem ser realistas e alcançáveis dentro de um período razoável. Definir metas muito ambiciosas pode ser desmotivador.

- **Relevantes:** Suas metas devem ser importantes para você e alinhar-se com suas direções e valores mais amplos. Uma meta relevante aumenta a motivação pessoal para alcançá-la.

- **Temporais:** Cada meta deve ter um prazo definido, o que cria um senso de urgência necessário para evitar a procrastinação.

DICAS PARA MANTER O FOCO NAS METAS

- **Visualize suas metas:** Crie uma imagem clara de como será a realização de suas metas. A visualização é uma técnica poderosa que pode ajudar a manter o foco e a motivação.

- **Revise regularmente:** Revisar suas metas regularmente pode ajudar a ajustá-las conforme necessário e a manter-se no caminho certo.

- **Celebre pequenas vitórias:** Comemore cada pequeno sucesso ao longo do caminho. Isso pode aumentar sua autoconfiança e reforçar seu compromisso com os objetivos maiores.

Com suas metas agora bem definidas e uma estrutura para alcançá-las em mãos, o próximo capítulo, "**O PODER DO HÁBITO**", irá explorar como desenvolver hábitos diários que suportam seus objetivos e combatem a procrastinação. Aprender a estabelecer e manter bons hábitos pode ser a chave para transformar suas intenções em ações efetivas e duradouras.
Você está pronto para mergulhar ainda mais fundo e transformar suas metas em realidades consistentes? Vamos juntos descobrir como os hábitos podem moldar sua jornada rumo ao sucesso e à produtividade.

O PODER DO HÁBITO

Transformar intenções em ações efetivas e consistentes é uma das maiores lutas contra a procrastinação. Este capítulo explora como o desenvolvimento de hábitos diários pode não apenas ajudar na gestão do tempo e no alcance de metas, mas também na construção de uma rotina que promove a produtividade e o bem-estar geral.

A IMPORTÂNCIA DOS HÁBITOS

Hábitos são comportamentos automáticos que desempenham um papel crucial em nosso dia a dia, influenciando quase tudo o que fazemos. Quando você desenvolve hábitos que alinham suas ações com suas metas, diminui a necessidade de tomar decisões e de empregar uma vontade constante, o que reduz o cansaço mental e a procrastinação.

COMO FORMAR NOVOS HÁBITOS

Formar novos hábitos pode ser desafiador, mas é perfeitamente possível com abordagens estratégicas. Aqui estão algumas etapas essenciais para ajudá-lo a construir hábitos duradouros:

- **Comece pequeno:** Escolha um novo hábito que seja tão simples que você não possa dizer não. Por exemplo, em vez de tentar exercitar-se uma hora todos os dias, comece com cinco minutos diários.

- **Agregue ao existente:** Vincule o novo hábito a uma rotina existente. Por exemplo, se você quer começar a meditar, faça isso logo após escovar os dentes pela manhã.

- **Reforço positivo:** Dê a si mesmo uma recompensa imediata quando executar o novo hábito. Isso pode reforçar o comportamento e aumentar a probabilidade de repetição.

- **Consistência:** A chave para a formação de hábitos é a consistência. Quanto mais você repetir uma ação, mais ela se tornará automática.

DESAFIANDO E SUBSTITUINDO HÁBITOS DE

PROCRASTINAÇÃO

Muitas vezes, a procrastinação é um hábito em si, que pode ser desafiado e substituído por comportamentos mais produtivos:

- **Identifique os gatilhos:** Reconheça o que desencadeia seu comportamento procrastinatório. Pode ser um ambiente específico, uma emoção, ou até mesmo uma hora do dia.

- **Substitua respostas:** Depois de identificar os gatilhos, conscientemente substitua as respostas procrastinatórias por outras mais produtivas. Por exemplo, se você tende a procrastinar ao se sentir sobrecarregado, tente dividir a tarefa em partes menores.

A MANUTENÇÃO DE HÁBITOS SAUDÁVEIS

Manter hábitos saudáveis requer atenção e ajustes constantes. Esteja atento a como seus hábitos evoluem com o tempo e esteja disposto a adaptá-los conforme suas necessidades e objetivos mudam.

Agora que você entende o poder dos hábitos e como eles podem ser moldados para combater a procrastinação, o próximo passo é aprender a priorizar tarefas de forma eficaz. No próximo capítulo, **"TÉCNICAS DE PRIORIZAÇÃO"**, exploraremos métodos para ajudá-lo a identificar o que precisa de sua atenção imediata e o que pode esperar, permitindo que você maximize cada dia ao seu potencial total.

Você está pronto para continuar sua jornada para uma vida mais estruturada e menos procrastinadora? Vamos juntos explorar como priorizar efetivamente suas tarefas pode fazer uma diferença significativa em sua produtividade e satisfação geral.

TÉCNICAS DE PRIORIZAÇÃO

Priorizar efetivamente é essencial para gerenciar seu tempo e suas tarefas de maneira que maximize sua produtividade e minimize a procrastinação. Este capítulo aborda métodos práticos para ajudá-lo a identificar as tarefas mais importantes e urgentes, garantindo que você dedique sua energia onde ela é mais necessária.

A IMPORTÂNCIA DE PRIORIZAR

Sem uma clara priorização, é fácil se perder em um mar de tarefas, muitas vezes dedicando tempo a atividades menos importantes em detrimento das que realmente impulsionam seus objetivos. Priorizar ajuda a garantir que você esteja sempre trabalhando nos projetos que proporcionam o maior retorno para seus esforços.

MÉTODOS DE PRIORIZAÇÃO

Vamos explorar algumas técnicas eficazes que você pode incorporar em sua rotina diária para melhorar sua capacidade de priorização:

Matriz de Eisenhower:

- **Importante e urgente:** Tarefas que você precisa fazer imediatamente.

- **Importante, mas não urgente:** Tarefas que você deve programar para fazer mais tarde.

- **Não importante, mas urgente:** Tarefas que você deve delegar.

- **Não importante e não urgente:** Tarefas que você pode eliminar.

Método ABCDE:

- **A (muito importante):** Tarefas que têm consequências sérias se não forem realizadas.

- **B (importante):** Tarefas que têm consequências moderadas.

- **C (pouco importante):** Tarefas que têm consequências leves.

- **D (delegável):** Tarefas que podem ser passadas para outra pessoa.

- **E (eliminável):** Tarefas que não precisam ser feitas.

Regra do 80/20 (Princípio de Pareto):

- Esta regra sugere que 80% dos resultados vêm de 20% das atividades. Identifique e concentre-se nessas atividades que geram os maiores resultados.

Aplicando técnicas de priorização

- **Revise diariamente:** No final de cada dia, revise e priorize as tarefas para o dia seguinte. Isso ajuda a garantir que você começará com as tarefas mais críticas.

- **Seja flexível:** As prioridades podem mudar rapidamente, por isso é importante manter a flexibilidade para ajustar sua lista de tarefas conforme necessário.

INTEGRAÇÃO COM HÁBITOS DE PRODUTIVIDADE

Priorizar eficazmente suas tarefas deve se tornar um hábito que complementa outras técnicas de produtividade que você já está praticando, como a gestão do tempo e a definição de metas. A coerência entre essas práticas amplifica seus efeitos e maximiza a eficiência.

Agora que você está equipado com técnicas para priorizar efetivamente suas tarefas, o próximo capítulo, "**CRIANDO UM AMBIENTE PROPÍCIO**", vai explorar como organizar seu espaço físico e digital para apoiar suas prioridades e maximizar a produtividade. A criação de um ambiente adequado pode ser o elemento final que irá solidificar seus esforços contra a procrastinação.

Você está pronto para dar o próximo passo e aprender como um ambiente bem organizado pode fazer toda a diferença na sua capacidade de seguir suas prioridades? Vamos juntos descobrir como você pode transformar seu espaço para refletir e facilitar suas metas mais importantes.

CRIANDO UM AMBIENTE PROPÍCIO

Um ambiente bem organizado pode fazer maravilhas pela sua produtividade e pelo seu foco, reduzindo as distrações e facilitando a adoção de bons hábitos de trabalho. Este capítulo discute como você pode organizar seu espaço físico e digital de maneira a apoiar suas prioridades e maximizar sua eficiência.

A INFLUÊNCIA DO AMBIENTE NO COMPORTAMENTO

O ambiente ao nosso redor pode ter um impacto significativo em nosso comportamento. Um espaço desorganizado pode contribuir para a procrastinação, enquanto um ambiente ordenado e estimulante pode encorajar a ação e melhorar a concentração.

ORGANIZANDO O ESPAÇO FÍSICO

- **Minimize as distrações:** Elimine da sua área de trabalho itens que não são essenciais para suas tarefas atuais. Isso inclui desordens visuais que podem desviar sua atenção.

- **Defina zonas de trabalho:** Separe seu espaço de trabalho em áreas específicas para diferentes atividades. Por exemplo, uma área para computação, outra para leitura e uma para reuniões ou brainstorming.

- **Personalize com intenção:** Decore seu espaço de maneira que reflita seus objetivos e inspire motivação. Isso pode incluir citações motivacionais, um quadro de visão ou até mesmo uma configuração de cores que você encontre energizante.

ORGANIZANDO O AMBIENTE DIGITAL

- **Limpeza de desktop e navegador:** Mantenha seu desktop e navegador limpos, organizando arquivos e fechando abas que não são mais necessárias. Utilize ferramentas de gerenciamento de arquivos e marcadores para manter tudo acessível.

- **Notificações controladas:** Configure suas notificações para minimizar interrupções. Isso pode envolver desativar pop-ups ou definir um horário específico para verificar e-mails e mensagens.

- **Ferramentas e aplicativos de produtividade:** Utilize aplicativos que ajudem a manter sua organização e produtividade, como calendários, listas de tarefas e bloqueadores de sites distrativos.

DICAS PARA MANUTENÇÃO DO AMBIENTE

- **Revisão regular:** Dedique um tempo regularmente para revisar e ajustar seu espaço de trabalho. Isso pode ser diariamente, semanalmente ou mensalmente, dependendo das suas necessidades.

- **Hábito de limpeza:** Desenvolva o hábito de limpar seu espaço no final de cada dia de trabalho, preparando-o para um novo dia produtivo.

Com seu ambiente agora configurado para promover a máxima eficiência, o próximo capítulo, "**O PAPEL DA MOTIVAÇÃO**", irá explorar como encontrar e nutrir motivações intrínsecas e extrínsecas para manter sua produtividade. Compreender e aproveitar sua motivação pode ser a chave para manter a consistência em suas ações e evitar a procrastinação.

Você está pronto para continuar esta jornada e aprofundar-se na dinâmica da motivação? Vamos descobrir juntos como manter o ímpeto e transformar a motivação em ação contínua.

O PAPEL DA MOTIVAÇÃO

Motivação é a força que nos impulsiona a iniciar e continuar tarefas até sua conclusão, mesmo diante de obstáculos. Este capítulo explora como entender e utilizar tanto a motivação intrínseca quanto a extrínseca para manter a produtividade e combater a procrastinação eficazmente.

COMPREENDENDO A MOTIVAÇÃO INTRÍNSECA E EXTRÍNSECA

A motivação pode ser dividida em dois tipos principais: intrínseca e extrínseca. A motivação intrínseca vem de dentro, é a motivação gerada pelo prazer e satisfação pessoal que uma atividade proporciona. Por outro lado, a motivação extrínseca é impulsionada por fatores externos, como recompensas materiais ou reconhecimento de terceiros.

- **Motivação intrínseca:** Envolvimento em atividades que são intrinsecamente gratificantes, não necessitando de recompensas externas. Exemplos incluem hobbies ou projetos pessoais que você acha interessantes e desafiadores.

- **Motivação extrínseca:** Inclui fatores como salários, promoções, notas em cursos ou até mesmo elogios e aprovação social. Embora eficazes, esses fatores podem não sustentar a motivação a longo prazo se não houver interesse pessoal na tarefa.

FOMENTANDO A MOTIVAÇÃO INTRÍNSECA

A motivação intrínseca é muitas vezes mais sustentável e pode ser fortalecida pelos seguintes métodos:

- **Estabelecer metas pessoais:** Defina metas que se alinhem com seus interesses e paixões pessoais. Isso aumenta a relevância pessoal das tarefas e, consequentemente, o seu engajamento e dedicação.

- **Buscar novos desafios:** A busca por desafios pode rejuvenescer seu interesse e compromisso com suas atividades, especialmente se eles estiverem alinhados com seus objetivos e aspirações pessoais.

- **Autorreflexão:** Dedique tempo regularmente para refletir sobre o que você ama fazer e por que isso é importante para você, reforçando sua conexão emocional com suas tarefas.

UTILIZANDO A MOTIVAÇÃO EXTRÍNSECA DE MANEIRA EFICAZ

Enquanto a motivação intrínseca é ideal, a extrínseca não deve ser negligenciada. Ela pode ser particularmente útil em tarefas que são menos interessantes, mas necessárias:

- **Recompensas tangíveis:** Estabeleça recompensas por completar tarefas específicas. Por exemplo, se você terminar um relatório importante, pode se presentear com um jantar fora ou um novo livro.

- **Feedback positivo:** Procure feedback regular, que não só pode oferecer um estímulo externo, mas também insights valiosos sobre como melhorar seu desempenho.

- **Ambiente de suporte:** Crie ou participe de um ambiente que valorize e reconheça o esforço e o sucesso, o que pode aumentar significativamente sua motivação para se manter produtivo.

Agora que você entende como a motivação funciona e como pode ser otimizada, o próximo passo é explorar ferramentas e recursos que podem ajudar a aplicar e manter a motivação diariamente. No próximo capítulo, "**FERRAMENTAS E RECURSOS CONTRA A PROCRASTINAÇÃO**", discutiremos aplicativos e estratégias práticas que podem auxiliar no combate à procrastinação.

Você está pronto para adicionar essas ferramentas ao seu arsenal e garantir que sua motivação permaneça elevada? Vamos juntos descobrir as melhores práticas e tecnologias que podem transformar a forma como você enfrenta suas tarefas diárias.

FERRAMENTAS E RECURSOS CONTRA A PROCRASTINAÇÃO

A tecnologia moderna oferece uma infinidade de ferramentas e recursos que podem ser utilizados para combater efetivamente a procrastinação. Este capítulo explora algumas das melhores aplicações, técnicas e estratégias que você pode incorporar ao seu dia a dia para manter a produtividade e minimizar o adiamento de tarefas importantes.

APLICAÇÕES E FERRAMENTAS DIGITAIS

Aplicativos de gestão de tempo:

- **Trello:** Ideal para organizar projetos em quadros e listas, facilitando a visualização do progresso das tarefas.

- **Todoist:** Um aplicativo de listas de tarefas que permite criar tarefas diárias e projetos com prazos e prioridades.

Ferramentas de foco:

- **Forest:** Este aplicativo ajuda a manter o foco ao incentivar você a não tocar no telefone. Plantar uma árvore virtual que cresce enquanto você trabalha pode ser um grande motivador.

- **Freedom:** Bloqueia sites e aplicativos distrativos por um período definido, ajudando você a manter o foco nas tarefas.

Softwares de rastreamento de hábitos:

- **Habitica:** Transforma suas tarefas diárias e hábitos em um jogo de RPG, onde você pode "subir de nível" completando tarefas e formando bons hábitos.

- **Streaks:** Este aplicativo é útil para construir e manter hábitos, permitindo que você acompanhe seu progresso e mantenha sequências motivadoras.

TÉCNICAS PRÁTICAS PARA REDUZIR A PROCRASTINAÇÃO

- **Técnica Pomodoro:** Como mencionado anteriormente, consiste em trabalhar por 25 minutos seguidos e fazer uma pausa de 5 minutos. Isso ajuda a manter a energia e a motivação ao longo do dia.

- **Metas de mínimo viável:** Estabeleça o menor esforço necessário para iniciar uma tarefa. O simples ato de começar pode muitas vezes levar à conclusão da tarefa inteira.

- **Método de dois minutos:** Se uma tarefa pode ser feita em dois minutos ou menos, faça-a imediatamente. Eliminar rapidamente tarefas pequenas pode reduzir significativamente sua lista de pendências.

CRIANDO UM SISTEMA DE SUPORTE

- **Grupos de responsabilidade:** Participe ou forme grupos de responsabilidade onde membros regularmente compartilham progressos e se encorajam.

- **Coaching ou mentoria:** Ter alguém para orientar, motivar e oferecer feedback pode ser extremamente valioso para superar a procrastinação e alcançar objetivos maiores.

Equipado agora com ferramentas práticas e dicas para vencer a procrastinação, o próximo passo é entender como a mindfulness e a autoconsciência podem melhorar ainda mais sua capacidade de gerenciar seu tempo e suas tarefas. No próximo capítulo, **"MINDFULNESS E AUTOCONSCIÊNCIA"**, exploraremos como técnicas de atenção plena podem ajudá-lo a reconhecer e controlar os impulsos procrastinatórios.

Você está pronto para aprofundar sua compreensão sobre si mesmo e melhorar sua produtividade através da mindfulness? Vamos descobrir juntos como essas práticas podem transformar sua abordagem ao trabalho e à vida diária.

MINDFULNESS E AUTOCONSCIÊNCIA

A mindfulness, ou atenção plena, é uma prática poderosa que ajuda a aumentar a autoconsciência e a gestão das emoções, tornando-se uma ferramenta valiosa para combater a procrastinação. Este capítulo explora como a mindfulness pode ajudá-lo a reconhecer e controlar os impulsos procrastinatórios, e como cultivar uma maior autoconsciência pode transformar sua produtividade e bem-estar geral.

ENTENDENDO A MINDFULNESS

Mindfulness envolve manter uma consciência momento a momento de nossos pensamentos, sentimentos, sensações corporais e ambiente circundante, através de uma lente gentil e sem julgamento. Esta prática nos permite observar nossos hábitos e comportamentos de maneira mais objetiva, o que é essencial para reconhecer e modificar padrões de procrastinação.

BENEFÍCIOS DA MINDFULNESS NA REDUÇÃO DA PROCRASTINAÇÃO

- **Aumento da autoconsciência:** Ao praticar mindfulness, você se torna mais ciente das razões subjacentes à sua tendência de procrastinar, seja ansiedade, medo ou falta de motivação.

- **Gerenciamento do estresse:** Mindfulness ajuda a reduzir os níveis de estresse, o que pode diminuir a tendência de adiar tarefas devido à ansiedade ou sobrecarga.

- **Melhoria do foco:** A prática regular da atenção plena aumenta sua capacidade de se concentrar em uma tarefa de cada vez, reduzindo a dispersão que frequentemente leva à procrastinação.

TÉCNICAS PRÁTICAS DE MINDFULNESS

- **Meditação sentada:** Dedique alguns minutos do seu dia para sentar-se em silêncio e observar sua respiração ou repetir um mantra. Isso pode ajudar a treinar sua mente para focar e reduzir a distração.

- Exercícios de respiração: Técnicas simples de respiração podem ser usadas para acalmar a mente e o corpo, especialmente útil quando você se sente sobrecarregado ou inseguro sobre iniciar uma tarefa.

- Mindfulness durante tarefas: Tente estar completamente presente enquanto realiza uma atividade, mesmo que seja algo rotineiro como lavar a louça ou caminhar. Isso ajuda a cultivar um hábito de estar totalmente engajado no momento presente.

DESENVOLVENDO AUTOCONSCIÊNCIA ATRAVÉS DE AUTORREFLEXÃO

Além da prática regular de mindfulness, desenvolver a autoconsciência através da reflexão pode ser extremamente útil:

- Diário de autorreflexão: Mantenha um diário para refletir sobre suas experiências diárias, pensamentos e emoções. Identifique quais atividades provocam procrastinação e por quê.

- Feedback de terceiros: Solicitar feedback regular de colegas, amigos ou mentores pode proporcionar insights externos sobre seus padrões de comportamento, incluindo a procrastinação.

Equipado com técnicas de mindfulness e autoconsciência, o próximo passo é abordar como o perfeccionismo pode levar à procrastinação e estratégias para superá-lo. No próximo capítulo, **"SUPERANDO O PERFECCIONISMO"**, exploraremos como ajustar suas expectativas e abordagens para evitar que a busca pela perfeição se torne um obstáculo à produtividade.

Você está pronto para enfrentar e desmantelar as barreiras do perfeccionismo que podem estar impedindo seu progresso? Vamos juntos aprender a balancear a excelência com a eficiência de maneira prática e saudável.

SUPERANDO O PERFECCIONISMO

O perfeccionismo, embora possa parecer um traço admirável, frequentemente atua como uma barreira significativa à produtividade, levando à procrastinação. Este capítulo examina como o perfeccionismo pode se manifestar como um impedimento e oferece estratégias práticas para superar essa tendência, equilibrando a busca pela excelência com uma abordagem mais funcional e saudável ao trabalho e à vida pessoal.

ENTENDENDO O PERFECCIONISMO

O perfeccionismo é a tendência de estabelecer padrões inatingivelmente altos e esforçar-se por metas que são frequentemente irrealistas. Este comportamento pode resultar em um medo paralisante de cometer erros, o que paradoxalmente pode impedir a conclusão ou mesmo o início de projetos.

IMPACTOS DO PERFECCIONISMO

- **Procrastinação:** Frequentemente, perfeccionistas adiam tarefas por medo de não conseguirem realizar o trabalho perfeitamente.

- **Estresse e ansiedade:** A pressão para atender a padrões irrealistas pode causar significativos estresse e ansiedade.

- **Insatisfação crônica:** Perfeccionistas podem se sentir constantemente insatisfeitos com seu trabalho, independentemente da qualidade, porque sempre acham que poderia ser melhor.

ESTRATÉGIAS PARA SUPERAR O PERFECCIONISMO

- **Redefina seus padrões:** Comece por ajustar seus padrões para níveis mais realistas e atingíveis. Reconheça que "feito é melhor que perfeito" e que a perfeição absoluta é um mito.

- **Foco no processo, não apenas no produto:** Mude o foco do resultado para o processo de aprendizado e crescimento. Valorize os erros como oportunidades essenciais para o desenvolvimento pessoal e profissional.

- **Divisão de tarefas:** Quebre grandes projetos em partes menores e gerenciáveis. Estabeleça metas intermediárias e celebre pequenos sucessos, o que pode diminuir a pressão para a perfeição em cada etapa.

- **Prática de autocompaixão:** Cultive uma atitude de gentileza com você mesmo. Reconheça que errar é humano e que a imperfeição é parte da condição humana.

- **Estabeleça limites de tempo:** Definir limites de tempo para as tarefas pode ajudar a evitar pensar demais e a necessidade de revisar o trabalho repetidamente.

Agora que você tem ferramentas para combater o perfeccionismo, o próximo capítulo, "**PEQUENOS PASSOS PARA GRANDES MUDANÇAS**", explorará como a técnica de dividir grandes tarefas em partes menores pode ser utilizada não apenas para superar a procrastinação, mas também para promover mudanças significativas e sustentáveis em sua vida.

Você está pronto para dar pequenos passos que levarão a grandes mudanças? Vamos juntos descobrir como abordar cada projeto e cada dia de forma estratégica e satisfatória, maximizando a produtividade sem sacrificar a saúde mental.

PEQUENOS PASSOS PARA GRANDES MUDANÇAS

Adotar a estratégia de dividir grandes tarefas em partes menores é uma técnica eficaz para combater a procrastinação e facilitar a gestão do tempo. Este capítulo explora como a abordagem de "pequenos passos" pode transformar projetos intimidadores em sequências de tarefas gerenciáveis, promovendo não apenas a conclusão de tarefas, mas também o desenvolvimento de hábitos de trabalho mais saudáveis e produtivos.

A PSICOLOGIA POR TRÁS DOS PEQUENOS PASSOS

Quando enfrentamos grandes projetos ou metas, é comum sentir-se sobrecarregado ou intimidado, o que pode levar à procrastinação. Dividir o trabalho em componentes menores ajuda a reduzir a ansiedade associada ao volume de trabalho, tornando o processo mais digerível e menos ameaçador.

BENEFÍCIOS DA DIVISÃO DE TAREFAS

- **Redução do estresse:** Ao enfrentar pequenas partes de uma tarefa maior, o estresse e a pressão são significativamente reduzidos, pois cada segmento parece mais factível.

- **Senso de progresso:** Completar pequenas tarefas fornece uma sensação imediata de progresso e conquista, o que pode aumentar a motivação para continuar.

- **Melhoria do foco:** Menos elementos competindo pela sua atenção permitem um foco mais intenso em cada tarefa, melhorando a qualidade do trabalho produzido.

- **Facilitação do planejamento:** É mais fácil planejar e ajustar prazos quando o trabalho é organizado em segmentos menores.

IMPLEMENTANDO A ESTRATÉGIA DE PEQUENOS PASSOS

- **Identifique o objetivo final:** Comece com uma clara compreensão do resultado desejado para o projeto ou tarefa.

- **Divida o projeto:** Quebre o objetivo maior em submetas

ou fases que possam ser completadas em sequência ou paralelamente.

- **Estabeleça prazos realistas:** Atribua prazos específicos para cada pequena tarefa, garantindo tempo suficiente para a realização sem pressão desnecessária.

- **Celebre conquistas:** Reconheça e comemore cada pequeno sucesso ao longo do caminho, o que pode reforçar o comportamento positivo e incentivar a continuidade do esforço.

EXEMPLO PRÁTICO

Suponha que você tenha que preparar uma grande apresentação para o trabalho. Iniciar o projeto pode parecer assustador. Dividindo a tarefa:

- **Pesquisa inicial** (1-2 dias)

- **Esboço da apresentação** (1 dia)

- **Desenvolvimento de slides** (3-4 dias)

- **Revisão e prática** (2-3 dias)

Cada etapa é claramente definida e parece mais gerenciável, reduzindo a tendência de procrastinar.

Agora que você está familiarizado com a estratégia de dividir tarefas em componentes menores, o próximo passo é entender como estabelecer e gerenciar prazos efetivamente. No próximo capítulo, **"O IMPACTO DOS PRAZOS"**, exploraremos como os prazos podem ser usados não apenas para impulsionar a conclusão das tarefas, mas também para melhorar a qualidade do trabalho e evitar a procrastinação.

Você está pronto para aprender a usar prazos a seu favor e transformar a pressão do tempo em um aliado produtivo? Vamos descobrir como o gerenciamento efetivo dos prazos pode ser fundamental para o sucesso de seus projetos.

O IMPACTO DOS PRAZOS

Prazos são uma faca de dois gumes: por um lado, podem ser uma fonte significativa de estresse e ansiedade; por outro, são ferramentas essenciais para estruturar nosso tempo e garantir que tarefas e projetos sejam concluídos. Este capítulo explora como os prazos podem ser gerenciados e utilizados estrategicamente para melhorar a produtividade e combater a procrastinação.

A PSICOLOGIA DOS PRAZOS

Prazos criam um senso de urgência, o que pode motivar a ação. Eles funcionam como um ponto de referência fixo no futuro que nos obriga a planejar como vamos usar nosso tempo até lá. Contudo, se mal gerenciados, prazos podem também levar ao estresse e à procrastinação, especialmente se parecerem irrealistas ou opressivos.

BENEFÍCIOS DE PRAZOS BEM ESTABELECIDOS

- **Clareza de objetivos:** Prazos claros ajudam a definir o escopo de um projeto e o ritmo necessário para sua conclusão.

- **Priorização efetiva:** Com prazos, é mais fácil identificar quais tarefas requerem atenção imediata e quais podem esperar, ajudando a organizar melhor o tempo.

- **Motivação incrementada:** A proximidade de um prazo pode ser um motivador poderoso, levando a um foco mais intenso e a uma ação direcionada.

- **Prevenção da procrastinação:** Prazos firmes ajudam a combater a tendência de adiar, estabelecendo um limite temporal que impulsiona o início e a conclusão de tarefas.

ESTRATÉGIAS PARA GERENCIAR PRAZOS

- **Defina prazos realistas:** Ao estabelecer prazos, considere cuidadosamente o tempo necessário para completar uma tarefa sem pressa ou qualidade comprometida.

- **Quebre grandes prazos em menores:** Assim como dividir grandes projetos em tarefas menores, dividir um grande prazo em vários menores pode tornar o processo menos intimidador e mais gerenciável.

- **Use alertas e lembretes:** Configure lembretes regulares para manter-se ciente dos prazos que se aproximam, o que pode ajudar a manter o projeto em trilha.

- **Reveja e ajuste prazos quando necessário:** Se perceber que um prazo se tornou impraticável, ajuste-o em vez de se forçar a cumprir uma meta irrealista, o que poderia levar a trabalho de baixa qualidade e maior estresse.

DICAS PARA LIDAR COM A PRESSÃO DE PRAZOS

- **Planejamento antecipado:** Comece a trabalhar em tarefas bem antes de seus prazos sempre que possível.

- **Estratégias de relaxamento:** Incorpore técnicas de mindfulness e exercícios de respiração para gerenciar o estresse relacionado à pressão dos prazos.

- **Comunicação efetiva:** Se você está trabalhando em equipe ou depende de outras pessoas para cumprir prazos, mantenha uma comunicação clara e frequente para evitar mal-entendidos e atrasos.

Compreender como usar prazos a seu favor é apenas uma parte do combate à procrastinação. No próximo capítulo, "**CONSTRUINDO RESILIÊNCIA EMOCIONAL**", exploraremos como fortalecer sua capacidade de lidar com desafios emocionais que podem surgir ao enfrentar prazos e pressões de trabalho.

Você está pronto para aprender a desenvolver uma maior resiliência que o ajudará a enfrentar não apenas os prazos, mas qualquer desafio com confiança? Vamos adiante na jornada para descobrir como cultivar sua força interior e transformar o estresse em um impulso para o sucesso.

CONSTRUINDO RESILIÊNCIA EMOCIONAL

Resiliência emocional é a capacidade de se recuperar rapidamente das dificuldades e de se adaptar bem à adversidade e ao estresse. Neste capítulo, abordaremos como desenvolver essa resiliência, essencial para enfrentar a procrastinação, gerenciar prazos e superar os desafios diários no trabalho e na vida pessoal.

A IMPORTÂNCIA DA RESILIÊNCIA EMOCIONAL

Resiliência emocional não apenas ajuda a lidar com o estresse, mas também fortalece a capacidade de enfrentar desafios, tomar decisões sob pressão e persistir em face de obstáculos. Desenvolver essa qualidade pode transformar a maneira como você reage às situações, levando a melhores resultados e maior satisfação pessoal.

COMPONENTES DA RESILIÊNCIA EMOCIONAL

- **Autoconhecimento:** Reconhecer suas emoções e entender como elas influenciam seu comportamento é o primeiro passo para a resiliência.

- **Positividade:** Manter uma atitude positiva, mesmo diante de dificuldades, pode mudar a percepção sobre os desafios e impulsionar a motivação.

- **Flexibilidade:** Ser capaz de se adaptar a mudanças e ajustar planos em resposta a situações inesperadas é crucial para a resiliência.

- **Apoio social:** Ter uma rede de suporte confiável para recorrer em momentos de necessidade ajuda a aliviar o estresse e a fortalecer a resiliência emocional.

ESTRATÉGIAS PARA DESENVOLVER RESILIÊNCIA EMOCIONAL

- **Mindfulness e meditação:** Práticas regulares de mindfulness podem aumentar a consciência das próprias emoções e ajudar a gerenciar respostas ao estresse.

- **Estabelecimento de limites:** Aprender a dizer não e a

estabelecer limites saudáveis protege sua energia emocional e previne o esgotamento.

- **Desenvolvimento de habilidades de enfrentamento:** Identificar e praticar técnicas eficazes de enfrentamento, como técnicas de respiração, exercícios físicos ou hobbies relaxantes.

- **Reflexão e aprendizado contínuo:** Use experiências passadas como oportunidades de aprendizado para melhorar suas estratégias de enfrentamento e resiliência.

IMPLEMENTANDO RESILIÊNCIA NO DIA A DIA

- **Diário de gratidão:** Manter um diário onde você anota coisas pelas quais é grato todos os dias pode reforçar a positividade e a perspectiva.

- **Exercício regular:** A atividade física regular não só ajuda a reduzir o estresse, mas também promove bem-estar geral, fortalecendo a resiliência emocional.

- **Comunicação aberta:** Pratique expressar seus sentimentos e preocupações de maneira saudável e produtiva, seja com amigos, familiares ou terapeutas.

Agora que você compreende a importância da resiliência emocional e como desenvolvê-la, o próximo passo é explorar como o feedback e o suporte podem ser utilizados para manter a responsabilidade e incentivar o crescimento pessoal. No próximo capítulo, "**FEEDBACK E SUPORTE**", discutiremos como esses elementos são vitais para o sucesso contínuo e como incorporá-los efetivamente em sua vida profissional e pessoal.

Você está pronto para fortalecer ainda mais sua jornada de crescimento pessoal com a ajuda de feedback construtivo e suporte robusto? Vamos adiante e descubra como essas ferramentas podem aprimorar sua capacidade de superar desafios e atingir seus objetivos.

FEEDBACK E SUPORTE

Feedback e suporte são elementos fundamentais para qualquer processo de crescimento pessoal e profissional. Este capítulo explora como o feedback construtivo pode ajudar a melhorar suas habilidades e a importância de ter uma rede de apoio para manter a motivação e a responsabilidade em sua jornada para superar a procrastinação.

A IMPORTÂNCIA DO FEEDBACK CONSTRUTIVO

Feedback é uma ferramenta valiosa para o desenvolvimento pessoal e profissional. Ele fornece informações externas sobre o desempenho, permitindo a reflexão e o aprimoramento contínuos. Feedback construtivo ajuda a identificar áreas de melhoria e a celebrar sucessos, o que é crucial para aprender e crescer.

TIPOS DE FEEDBACK

- **Feedback positivo:** Reconhece os sucessos e reforça os comportamentos que devem ser continuados ou repetidos.

- **Feedback construtivo:** Foca em áreas de melhoria de maneira específica e útil, oferecendo sugestões práticas para mudanças.

IMPLEMENTANDO FEEDBACK DE FORMA EFICAZ

- **Seja receptivo:** Mantenha uma atitude aberta e considera feedback como uma oportunidade de crescimento.

- **Solicite feedback regularmente:** Não espere feedback apenas em avaliações formais. Peça aos colegas, amigos ou mentores feedbacks regulares sobre seu desempenho.

- **Use feedback para estabelecer metas:** Integre as informações recebidas em seu planejamento de desenvolvimento pessoal e profissional.

A IMPORTÂNCIA DO SUPORTE

Ter uma rede de suporte sólida é essencial para superar desafios e manter-se motivado. O apoio pode vir de várias fontes, como família, amigos, colegas de trabalho ou grupos de apoio profissional.

CONSTRUINDO E MANTENDO UMA REDE DE SUPORTE

- **Engaje-se em comunidades:** Participe de grupos ou comunidades que compartilham interesses semelhantes ou estão enfrentando desafios parecidos.

- **Mantenha comunicações regulares:** Construa e mantenha relacionamentos através de comunicações regulares, seja pessoalmente, por telefone ou online.

- **Seja proativo:** Ofereça suporte a outros, o que pode fortalecer seus relacionamentos e criar um ambiente de ajuda mútua.

O feedback e o suporte são essenciais, mas saber como aprender com os erros é igualmente importante. No próximo capítulo, "**APRENDENDO COM OS ERROS**", exploraremos como transformar falhas e erros em poderosas lições de vida, que podem impulsionar o crescimento pessoal e reduzir a procrastinação.

Você está pronto para descobrir como transformar cada erro em uma oportunidade de aprendizado? Avançaremos para entender como a resiliência se constrói não apenas com os sucessos, mas também com as falhas, e como isso pode enriquecer sua experiência e eficácia em todos os aspectos da vida.

APRENDENDO COM OS ERROS

Encarar erros não como fracassos, mas como oportunidades essenciais de aprendizado, é crucial para o crescimento pessoal e profissional. Este capítulo explora como você pode usar os erros a seu favor, transformando cada contratempo em uma lição valiosa que impulsiona o desenvolvimento e a superação da procrastinação.

A NATUREZA INEVITÁVEL DOS ERROS

Erros são uma parte natural e inevitável de qualquer processo de tentativa e erro. A chave para lidar eficazmente com eles não está em evitar erros a todo custo, mas em aprender a reagir de forma construtiva quando eles ocorrem.

BENEFÍCIOS DE APRENDER COM OS ERROS

- **Melhoria contínua:** Cada erro oferece insights específicos sobre como melhorar suas habilidades ou abordagens em futuras tentativas.

- **Resiliência reforçada:** Ao aprender a ver os erros como parte do processo de aprendizado, você desenvolve uma maior resiliência emocional e menor aversão ao risco.

- **Inovação estimulada:** Frequentemente, os erros levam a novas ideias e soluções criativas que não seriam consideradas em um caminho sem obstáculos.

ESTRATÉGIAS PARA APRENDER COM OS ERROS

- **Análise reflexiva:** Após um erro, reserve um tempo para refletir sobre o que aconteceu. Pergunte-se: O que deu errado? O que poderia ser feito de forma diferente? O que posso aprender com isso?

- **Discussão aberta:** Compartilhe seus erros com mentores, colegas ou amigos em busca de feedback. A discussão aberta pode proporcionar novas perspectivas e soluções que você pode não ter considerado.

- **Implementação de mudanças:** Use as lições aprendidas para ajustar suas estratégias ou processos. Isso pode envolver mudanças na forma como você planeja projetos, na maneira como gerencia seu tempo ou nas técnicas que você utiliza para executar tarefas.

CRIANDO UM AMBIENTE QUE ENCORAJA A EXPERIMENTAÇÃO

- **Cultura de abertura:** Promova um ambiente, seja no trabalho ou em casa, onde erros são vistos como parte do processo de aprendizado, não como falhas a serem punidas.

- **Encorajamento do risco calculado:** Incentive-se e aos outros a tomar riscos calculados. Isso pode ajudar a superar o medo do erro que muitas vezes leva à procrastinação.

Agora que você entende como os erros podem ser transformados em aprendizado, o próximo passo é explorar como cuidar de seu bem-estar físico pode influenciar sua produtividade e capacidade de lidar com desafios. No próximo capítulo, "**NUTRIÇÃO E EXERCÍCIO**", discutiremos como um estilo de vida saudável pode apoiar sua saúde mental e física, potencializando sua eficiência e ajudando a combater a procrastinação.

Você está pronto para continuar esta jornada e descobrir como um corpo saudável pode suportar uma mente produtiva? Vamos adiante e explore como ajustes na sua dieta e rotina de exercícios podem fazer uma grande diferença na sua capacidade de aprender com os erros e se mover para frente com confiança e vigor.

NUTRIÇÃO E EXERCÍCIO

Cuidar do seu bem-estar físico é fundamental para manter não só a saúde, mas também um alto nível de energia e um estado mental propício ao combate à procrastinação. Este capítulo aborda como uma dieta equilibrada e uma rotina regular de exercícios podem significativamente melhorar sua produtividade e capacidade de lidar com o estresse e a ansiedade.

A IMPORTÂNCIA DE UMA NUTRIÇÃO ADEQUADA

A comida que você consome desempenha um papel crucial no funcionamento do seu cérebro, afetando tudo, desde sua energia e foco até seu humor. Uma dieta pobre pode contribuir para a fadiga, irritabilidade e uma diminuição da capacidade de concentração, enquanto uma dieta balanceada pode aumentar sua energia, clareza mental e eficiência no trabalho.

COMPONENTES DE UMA DIETA SAUDÁVEL

- **Carboidratos complexos:** Alimentos como grãos integrais fornecem energia de longa duração.

- **Proteínas magras:** Fontes como peixe, frango, feijão e nozes ajudam na construção e reparo de tecidos, além de serem essenciais para a função cerebral.

- **Gorduras saudáveis:** Gorduras ômega-3, encontradas em peixes e nozes, são importantes para a saúde cerebral.

- **Frutas e vegetais:** Ricos em vitaminas, minerais e fibras, contribuem para o bem-estar geral e a manutenção da energia.

BENEFÍCIOS DO EXERCÍCIO REGULAR

O exercício não é apenas bom para o corpo; ele também tem um impacto significativo na sua saúde mental:

- **Redução do estresse:** Atividades físicas ajudam a diminuir os níveis de estresse e aumentar a produção de endorfinas, melhorando o humor.

- **Melhora da concentração:** Exercícios regulares podem ajudar a aprimorar a função cognitiva e a memória.

- **Aumento da energia:** Manter-se ativo eleva os níveis de energia e combate a fadiga, ajudando você a ser mais produtivo.

INTEGRANDO NUTRIÇÃO E EXERCÍCIO NA ROTINA DIÁRIA

- **Planejamento de refeições:** Prepare refeições e lanches saudáveis com antecedência para evitar escolhas alimentares de último minuto que podem ser menos saudáveis.

- **Defina horários regulares para exercícios:** Assim como você planeja outras atividades, faça do exercício uma parte fixa de sua agenda.

- **Variedade e diversão:** Mantenha seu regime de exercícios interessante variando as atividades; experimente caminhar, nadar, yoga ou dançar.

Depois de estabelecer uma base sólida de nutrição e exercício, o próximo passo é explorar técnicas de meditação e relaxamento que podem ajudar a clarear a mente e reduzir ainda mais a procrastinação. No próximo capítulo, "**MEDITAÇÃO E RELAXAMENTO**", discutiremos como essas práticas podem ser integradas ao seu dia a dia para melhorar o foco, reduzir o estresse e cultivar uma presença mental que promova a eficiência e a produtividade.

Você está pronto para aprofundar suas técnicas de autocuidado e descobrir como uma mente tranquila pode ser a chave para uma vida mais produtiva e menos procrastinada? Vamos juntos explorar o poder da meditação e do relaxamento

MEDITAÇÃO E RELAXAMENTO

Neste capítulo, exploramos como a meditação e técnicas de relaxamento podem ser ferramentas poderosas para limpar a mente, reduzir o estresse e a ansiedade, e combater a procrastinação. Ao integrar essas práticas no seu dia a dia, você pode melhorar significativamente seu foco e eficiência, além de promover um bem-estar geral.

BENEFÍCIOS DA MEDITAÇÃO PARA PRODUTIVIDADE

A meditação tem sido associada a uma variedade de benefícios que podem diretamente impactar sua produtividade:

- **Redução do estresse:** A meditação ajuda a diminuir os níveis de cortisol, o hormônio do estresse, promovendo uma sensação de calma e controle.

- **Melhoria da concentração:** Práticas regulares de meditação podem aumentar a duração e a intensidade do seu foco.

- **Aumento da clareza mental:** Meditar ajuda a limpar a mente de pensamentos desnecessários, facilitando a organização de ideias e a priorização de tarefas.

- **Resiliência emocional:** A meditação fortalece a capacidade de lidar com adversidades, reduzindo reações impulsivas e procrastinação decorrente de sentimentos negativos.

TÉCNICAS BÁSICAS DE MEDITAÇÃO

- **Meditação guiada:** Utilize aplicativos ou vídeos de meditação guiada, que fornecem instruções passo a passo através de áudios ou textos.

- **Meditação de atenção plena (Mindfulness):** Concentre-se em observar seus pensamentos e sensações sem julgamento, trazendo sua atenção de volta à respiração sempre que se distrair.

- **Meditação de mantra:** Repita um mantra específico – uma palavra ou frase curta – para ajudar a manter o foco e a calma.

TÉCNICAS DE RELAXAMENTO

Além da meditação, outras técnicas de relaxamento podem ajudar a aliviar a tensão física e mental:

- **Exercícios de respiração:** Práticas como a respiração diafragmática ou respiração 4-7-8 podem acalmar rapidamente o corpo e a mente.

- **Relaxamento muscular progressivo:** Tense e relaxe sequencialmente diferentes grupos musculares, o que pode reduzir a ansiedade e melhorar a consciência corporal.

- **Visualizações guiadas:** Imagine-se em um lugar pacífico e sereno, usando todos os seus sentidos para intensificar a experiência e promover o relaxamento.

INTEGRANDO MEDITAÇÃO E RELAXAMENTO NA ROTINA DIÁRIA

- **Crie um espaço tranquilo:** Dedique um espaço em sua casa exclusivamente para a prática da meditação e relaxamento.

- **Estabeleça uma rotina:** Determine um horário fixo diariamente para suas práticas, o que ajuda a formar um hábito consistente.

- **Pequenas sessões:** Mesmo curtas sessões de 5 a 10 minutos podem ser extremamente benéficas, especialmente em dias agitados.

Agora que você aprendeu como meditar e relaxar, o próximo passo é reconhecer e celebrar seus sucessos, uma etapa crucial para manter a motivação e o momentum. No próximo capítulo, "**CELEBRANDO SUCESSOS**", discutiremos como o reconhecimento dos seus avanços pode reforçar seu compromisso com a produtividade e a ação contínua.

Você está pronto para avançar e aprender como celebrar de forma eficaz cada conquista em sua jornada? Vamos juntos descobrir como aproveitar cada sucesso para construir um caminho ainda mais robusto rumo aos seus objetivos.

CELEBRANDO SUCESSOS

Reconhecer e celebrar seus sucessos é fundamental para manter a motivação e a energia em alta, além de ser uma poderosa ferramenta contra a procrastinação. Este capítulo aborda a importância de valorizar cada vitória no caminho para seus objetivos, oferecendo estratégias práticas para integrar essa celebração de maneira eficaz e significativa em sua vida.

A IMPORTÂNCIA DE CELEBRAR SUCESSOS

Celebrar sucessos ajuda a reforçar comportamentos positivos, aumenta a autoestima e incentiva a continuidade do esforço em direção a objetivos maiores. Além disso, proporciona momentos de reflexão, onde você pode avaliar o que funcionou bem e planejar os próximos passos com maior confiança.

TIPOS DE SUCESSOS A CELEBRAR

- **Conquistas grandes:** Projetos completados, metas atingidas, ou grandes marcos merecem reconhecimento especial e comemoração.

- **Pequenas vitórias:** Não subestime o poder de celebrar as pequenas vitórias diárias, como completar uma tarefa desafiadora ou manter a consistência em uma prática benéfica.

ESTRATÉGIAS PARA CELEBRAR SUCESSOS

- **Defina critérios claros de sucesso:** Estabeleça de antemão o que constitui um sucesso para você, seja completar uma tarefa específica, alcançar um objetivo de longo prazo ou melhorar um hábito.

- **Comemorações apropriadas:** Escolha formas de celebração que sejam significativas para você. Isso pode variar de um pequeno tratamento pessoal a uma atividade de lazer ou uma festa com amigos e familiares.

- **Compartilhe suas conquistas:** Dividir seu sucesso com outros pode amplificar a sensação de realização e proporcionar suporte e reconhecimento externos.

- Registro de sucessos: Mantenha um diário de sucessos onde você documenta suas vitórias. Isso não só serve como um lembrete de suas capacidades, mas também como uma fonte de motivação em momentos de dúvida ou desafio.

CRIANDO UMA CULTURA DE CELEBRAÇÃO

- Incentivo mútuo: Promova um ambiente onde o sucesso de cada um é celebrado. Isso pode ser particularmente poderoso no local de trabalho ou em grupos de estudo e projetos colaborativos.

- Reconhecimento regular: Implemente uma rotina de reconhecimento regular, tanto para si mesmo quanto para os outros, para garantir que todos os esforços sejam valorizados.

Tendo estabelecido a importância de celebrar sucessos, o próximo capítulo focará em como desconectar-se periodicamente pode beneficiar sua produtividade e bem-estar geral. No capítulo **"DESCONECTANDO PARA RECONECTAR"**, exploraremos técnicas para equilibrar o uso da tecnologia com momentos de desconexão, permitindo um tempo valioso para recarregar e refletir.

Você está pronto para aprender como um equilíbrio entre conectividade e pausas pode ser crucial para o sucesso sustentável? Vamos descobrir como implementar eficazmente períodos de desconexão em sua rotina para maximizar sua clareza mental e foco.

DESCONECTANDO PARA RECONECTAR

Na era digital, estar constantemente conectado pode parecer essencial, mas períodos regulares de desconexão são cruciais para manter uma mente clara e uma vida produtiva. Este capítulo discute a importância de se afastar periodicamente das tecnologias digitais para melhorar o foco, a criatividade e o bem-estar geral.

A IMPORTÂNCIA DE DESCONECTAR

A exposição constante a telas e mídias sociais pode levar a uma sobrecarga de informações, reduzindo a capacidade de concentração e aumentando os níveis de estresse. Desconectar ajuda a:

- Reduzir a ansiedade e o estresse acumulados pelo uso excessivo de dispositivos digitais.

- Aumentar a conscientização e a presença no momento presente.

- Melhorar a qualidade das relações interpessoais, permitindo interações mais significativas e atenciosas.

ESTRATÉGIAS PARA DESCONECTAR EFICAZMENTE

- **Estabeleça limites claros:** Defina horários específicos durante o dia para verificar e-mails e redes sociais, e seja rigoroso em respeitá-los.

- **Desconexão programada:** Escolha períodos durante a semana ou nos finais de semana para se desconectar completamente de todos os dispositivos eletrônicos.

- **Crie rotinas sem tecnologia:** Engaje-se em atividades que não requerem tecnologia, como ler um livro, praticar um hobby manual, ou passar tempo na natureza.

BENEFÍCIOS DA DESCONEXÃO

- **Melhoria na qualidade do sono:** Evitar telas antes de dormir pode significativamente melhorar seu sono, o que é essencial para um bom desempenho cognitivo e físico.

- **Aumento da criatividade:** Afastar-se da constante entrada de informações permite que a mente vagueie e explore novas ideias.

- **Fortalecimento de relacionamentos:** Tempo de qualidade sem interrupções tecnológicas pode fortalecer laços com amigos e familiares.

IMPLEMENTANDO A DESCONEXÃO NA VIDA DIÁRIA

- **Ambientes livres de tecnologia:** Crie áreas em sua casa que sejam zonas livres de tecnologia, como o quarto ou a sala de jantar.

- **Uso de tecnologia intencional:** Faça escolhas conscientes sobre quando e como usar a tecnologia, focando em usá-la de forma produtiva e limitando o uso recreativo que não acrescenta valor.

- **Meditação e mindfulness:** Pratique técnicas de atenção plena para cultivar uma maior presença, o que pode ser especialmente útil durante os períodos de desconexão.

Após explorar a importância de desconectar para reconectar, o próximo passo é estabelecer rituais de início de trabalho que preparem sua mente para um dia produtivo. No próximo capítulo, **"RITUAIS DE INÍCIO DE TRABALHO"**, discutiremos como criar procedimentos que sinalizam o início do foco no trabalho e ajudam a entrar no 'modo de ação'.

Você está pronto para otimizar sua entrada em períodos de trabalho e maximizar sua produtividade através de rituais eficazes? Vamos juntos explorar como iniciar cada dia de trabalho com o pé direito, garantindo que cada momento de atividade seja o mais produtivo possível.

RITUAIS DE INÍCIO DE TRABALHO

Estabelecer rituais de início de trabalho é uma estratégia eficaz para sinalizar ao seu cérebro que é hora de mudar o foco da vida pessoal para as responsabilidades profissionais. Este capítulo aborda como criar e manter rituais que ajudam a entrar no "modo de ação", maximizando a produtividade e a eficiência desde o início do seu dia de trabalho.

A IMPORTÂNCIA DE RITUAIS DE INÍCIO DE TRABALHO

Rituais de início ajudam a criar uma clara demarcação entre o tempo pessoal e o profissional, especialmente importante em ambientes de trabalho flexíveis ou home office. Esses rituais podem:

- Aumentar a concentração e o foco.

- Reduzir a procrastinação.

- Estabelecer uma rotina estável que pode aumentar a eficiência.

ELEMENTOS DE UM RITUAL DE INÍCIO EFICAZ

- **Local de trabalho preparado:** Antes de começar, assegure que seu espaço de trabalho esteja organizado e livre de distrações. Isso pode incluir organizar documentos necessários, preparar a estação de trabalho e definir uma lista de tarefas claras.

- **Mindfulness ou meditação curta:** Alguns minutos de meditação ou exercícios de respiração ajudam a limpar a mente e a se concentrar nas tarefas do dia.

- **Revisão de metas:** Revisar rapidamente as metas do dia pode reforçar o que precisa ser priorizado e ajudar a manter o foco nas atividades mais críticas.

- **Bebida ou alimento energizante:** Começar o dia com um ritual de nutrição, como uma xícara de café ou chá, ou um pequeno café da manhã, pode ser tanto um conforto quanto uma forma de energização.

IMPLEMENTANDO E MANTENDO RITUAIS DE INÍCIO

- **Consistência:** A chave para qualquer ritual é a consistência. Procure iniciar seu trabalho da mesma maneira todos os dias para estabelecer e reforçar o hábito.

- **Personalização:** Adapte seu ritual de início para atender às suas necessidades e preferências pessoais. O que funciona para uma pessoa pode não ser ideal para outra.

- **Flexibilidade:** Esteja aberto para ajustar seu ritual conforme necessário, especialmente se você perceber que certos elementos não estão ajudando a melhorar sua produtividade.

Depois de estabelecer rituais eficazes de início de trabalho, o próximo passo é entender como lidar com a culpa associada à procrastinação. No próximo capítulo, "**LIDANDO COM A CULPA**", exploraremos estratégias para superar sentimento de culpa que podem surgir quando as tarefas são adiadas, permitindo que você se mova além dos contratempos com uma mentalidade mais resiliente e focada.

Você está pronto para enfrentar e transformar a culpa em uma força motivadora que o impulsiona para frente, ao invés de deixá-la retardar seu progresso? Vamos juntos aprender a gerenciar eficazmente essas emoções para manter a produtividade e o bem-estar emocional.

LIDANDO COM A CULPA

A culpa associada à procrastinação pode ser um grande obstáculo, gerando sentimentos de inadequação e desmotivação. Este capítulo explora como gerenciar e superar a culpa para que ela não se torne um ciclo vicioso que perpetua mais procrastinação.

ENTENDENDO A CULPA NA PROCRASTINAÇÃO

A culpa surge quando percebemos que não cumprimos nossas próprias expectativas ou as expectativas dos outros. No contexto da procrastinação, isso muitas vezes se traduz em um sentimento de falha por não ter começado ou concluído uma tarefa conforme planejado. Essa emoção pode ser paralisante e prejudicar ainda mais a produtividade.

ESTRATÉGIAS PARA SUPERAR A CULPA

- **Reconhecimento e aceitação:** Aceite que a procrastinação é um comportamento humano e que sentir culpa por isso, embora comum, não é produtivo. Reconhecer e aceitar seus sentimentos de culpa é o primeiro passo para superá-los.

- **Análise realista:** Avalie de forma realista a situação que levou à procrastinação. Pergunte-se se as expectativas para si mesmo eram razoáveis e se existem fatores externos que influenciaram sua capacidade de realizar a tarefa.

- **Aprendizado e ajuste:** Use a experiência para aprender. Analise o que pode ser melhorado, ajuste seus métodos de trabalho ou seu planejamento, e considere isso como uma oportunidade de crescimento, não como um fracasso.

- **Diálogo interno positivo:** Mude seu diálogo interno de críticas para afirmações positivas. Em vez de se punir, lembre-se de suas conquistas e da capacidade de superar desafios.

- **Estabeleça metas menores:** Redefina suas tarefas com metas menores e mais gerenciáveis, que são mais fáceis de alcançar e podem ajudar a reconstruir sua confiança.

EVITANDO A CULPA FUTURA

- **Planejamento proativo:** Planeje suas atividades com buffers de tempo para imprevistos, o que pode ajudar a evitar a procrastinação e a culpa subsequentes.

- **Suporte e comunicação:** Comunique-se abertamente com colegas de trabalho, amigos ou familiares sobre suas lutas com a procrastinação. Eles podem oferecer suporte, compreensão ou até mesmo soluções práticas.

- **Reflexão regular:** Reserve um tempo regularmente para refletir sobre suas práticas de trabalho e bem-estar emocional. Isso pode ajudar a identificar padrões de procrastinação e desenvolver estratégias para lidar com eles antes que a culpa se instale.

Agora que discutimos estratégias para lidar com a culpa, o próximo e último capítulo, "**RUMO À AÇÃO**", reúne todos os insights e técnicas abordados ao longo do livro para impulsionar um compromisso contínuo com a produtividade e a ação. Este capítulo final servirá como um guia para implementar e manter as mudanças necessárias para transformar a procrastinação em eficiência.

Você está pronto para consolidar todo o aprendizado e transformá-lo em ações concretas que irão beneficiar sua vida pessoal e profissional? Vamos juntos concluir esta jornada, equipados com ferramentas e conhecimentos para enfrentar a procrastinação de frente e com sucesso.

RUMO À AÇÃO

Chegamos ao último capítulo de nossa jornada através do livro **"Além da procrastinação: transformando o 'depois eu faço' em ação imediata"**. Aqui, consolidaremos os insights e estratégias discutidos nos capítulos anteriores, estabelecendo um plano claro e motivador para implementar mudanças duradouras que transformem sua tendência à procrastinação em uma dinâmica de eficiência e produtividade contínua.

REVISÃO DOS PONTOS CHAVE

- **Entender a procrastinação:** Reconhecemos as causas psicológicas e comportamentais da procrastinação e aprendemos como essa compreensão pode nos ajudar a abordar esse desafio de maneira mais eficaz.

- **Estratégias de enfrentamento:** Discutimos várias técnicas para combater a procrastinação, incluindo gestão de tempo, estabelecimento de metas claras, e o desenvolvimento de hábitos saudáveis que promovem a ação.

- **Impacto emocional e social:** Exploramos como a procrastinação afeta nosso bem-estar emocional e nossas relações sociais, e como a construção de resiliência emocional e o suporte de uma rede de contatos podem fortalecer nossa capacidade de agir.

IMPLEMENTANDO MUDANÇAS

Para transformar verdadeiramente a tendência à procrastinação em ação produtiva, é crucial aplicar consistentemente as estratégias discutidas:

- **Estabeleça metas pequenas e realistas:** Comece com metas que você sabe que pode alcançar e gradualmente desafie-se com objetivos maiores.

- **Mantenha um diário de progresso:** Documentar seu progresso pode não apenas motivar você a continuar, mas também ajudá-lo a entender melhor os padrões de seu comportamento.

- **Crie rotinas de sucesso:** As rotinas diárias podem ajudar a automatizar comportamentos produtivos, reduzindo a energia mental necessária para iniciar tarefas.

COMPROMISSO CONTÍNUO COM A AÇÃO

- **Reavaliação regular:** Dedique um tempo regularmente para revisar e ajustar seu plano de ação. Isso é vital para manter a relevância e eficácia das estratégias que você está usando.

- **Busque feedback constante:** O feedback, seja de amigos, familiares ou colegas de trabalho, é essencial para manter você no caminho certo e motivado.

- **Celebre cada sucesso:** Reconheça cada pequena vitória ao longo do caminho. Essas celebrações reforçam seu compromisso com seus objetivos e mantêm sua energia elevada.

À medida que você avança, lembre-se de que a jornada para superar a procrastinação é contínua e evolutiva. Cada passo que você dá é uma parte de um processo maior de autodescoberta e crescimento pessoal. Com as estratégias e insights fornecidos neste livro, você está bem equipado para transformar o "**depois eu faço**" em "**ação imediata**". Continue a caminhar com confiança e determinação, e você encontrará não apenas sucesso em suas tarefas, mas também uma melhoria significativa na qualidade de sua vida e trabalho.

Você está pronto para fazer da ação a norma, não a exceção? Vamos avançar, um passo de cada vez, rumo a uma vida mais produtiva e realizada.

Ao virarmos a última página desta jornada juntos, espero sinceramente que os aprendizados compartilhados aqui tenham tocado seu coração e despertado novas perspectivas. Se este livro lhe trouxe algum valor, peço gentilmente que dedique alguns momentos para deixar sua avaliação na Amazon. Suas palavras não apenas me ajudam a crescer e aprimorar minha arte, mas também guiam outros leitores em suas buscas por conhecimento e inspiração. Sua opinião é um presente valioso, tanto para mim quanto para a comunidade de leitores em busca de histórias que transformam. Agradeço de coração por compartilhar esta jornada comigo e espero que possamos nos encontrar novamente nas páginas de uma nova aventura.

REGINALDO OSNILDO

Olá, sou Reginaldo Osnildo, autor e inovador nas áreas de vendas, tecnologia, e estratégias de comunicação. Minha experiência abrange desde o ambiente acadêmico, como professor e pesquisador na Universidade do Sul de Santa Catarina, até a prática como estrategista no Grupo Catarinense de Rádios. Com um doutorado em narrativas de vendas e convergência digital, e um mestrado em storytelling e imaginário social, eu trago para meus leitores uma fusão única entre teoria e prática. Meu objetivo é fornecer conhecimento em uma linguagem simples, prática e didática, incentivando a aplicação direta na vida pessoal e profissional.

Atenciosamente

Prof. Dr. Reginaldo Osnildo

+55 48 991913865

reginaldoosnildo@gmail.com

www.ingramcontent.com/pod-product-compliance
Lightning Source LLC
Chambersburg PA
CBHW072053230526